DUBROVNIK
Cartoville **Gallimard**

Bienvenue à Dubrovnik !
Une carte générale de la ville pour visualis
développés dans le guide. Toutes les infor
les bons plans et les conseils pour vivre au rythme de Dubrovnik.

Découvrir Dubrovnik à travers ses 4 grands quartiers
A Vrata od Pila / Placa
B Luža / Stara luka
C Ploče / Pile / Gruž / Lapad / Babin Kuk
D Cavtat / Elafiti / Mljet / Korčula

Pour chaque quartier, une sélection d'adresses (restaurants – classés
par ordre croissant de prix –, cafés, bars, boutiques), un choix de sites
et de monuments précédés d'une étoile (★) et une carte pour repérer
chaque lieu grâce au carroyage **(A** B2).

Transports et hôtels à Dubrovnik
Une carte des transports et toutes les informations utiles pour se déplacer
dans la ville. Une sélection d'hôtels classés par gamme de prix.

Index
Classés par ordre alphabétique et immédiatement repérables sur les cartes
grâce à un renvoi au carroyage **(B** C3), les rues, les villes et les villages,
les monuments et les lieux de visite présentés dans l'ouvrage.

LA CITÉ FORTIFIÉE ET SON VIEUX-PORT VUS DU MONT SRĐ

XIᵉ s. : comblement du bras de mer (aujourd'hui Placa) séparant Ragusium, bâtie sur un îlot rocheux, et Dubrovnik, sur la terre ferme.
XIIᵉ s. : la cité nouvelle, Raguse, est fortifiée sur son tracé actuel.
1204 : domination des Vénitiens.
1358 : indépendance.
XIVᵉ-XVIIIᵉ s. : Raguse, devenue République administrée par un recteur, connaît l'âge d'or grâce au commerce maritime et brille par ses artistes et ses érudits.
1667 : un violent séisme détruit la ville.
1806-1808 : Napoléon envahit la région. Fin de la cité-État.
Années 1970-80 : Dubrovnik, destination phare du tourisme en Yougoslavie.
Déc. 1991-mai 1992 : siège et bombardement par l'armée yougoslave.

de la Résistance antifasciste), Fête-Dieu (mai-juin), 25 juin (Fête nationale), 5 août (jour de la Reconnaissance de la Patrie), 15 août, 8 oct. (jour de l'Indépendance), 1er nov., 25 et 26 déc.

Février
Saint-Blaise
→ 3 fév.
Dubrovnik fête son saint patron : processions en costume vers l'église Saint-Blaise, concerts, etc.

Mars-avril
Pâques
→ Dim. et lun. fériés
Particulièrement célébrées à Korčula, le ven., où les trois confréries religieuses défilent dans les rues.

Juin
Marché médiéval
→ Dern. sem. de juin
Dubrovnik comme au Moyen Âge ! Foire aux vieux métiers, tournoi d'archers...

Juillet-août
Festival d'été
→ Juil.-août

www.dubrovnik-festival.hr
L'un des plus importants du pays. Concerts de musique classique, pièces de théâtre et spectacles de danse animent églises et palais. Et la Vieille Ville se fait scène à ciel ouvert...

Festival de danse des Épées
→ Juil.-août
À Korčula, représentations de la danse des Épées (Moreška), dont l'origine remonte au XVIᵉ s.

ARGENT

Change
Bureaux à l'aéroport, dans les rues de la Vieille Ville, dans les banques et les agences hôtels.

Cartes bancaires
Acceptées dans les hôtels et les agences de voyages, mais pas dans les petits restaurants ni dans les locations de chambres et d'appartements privés.

Distributeurs automatiques partout sur la côte.
Paiement par carte peu répandu sur les îles.

Budget
Se loger
Chambre chez l'habitant : 200-300 kn
Hôtel : 700-1 500 kn
Se restaurer
Restaurant : 50-80 kn
Restaurant de poisson : 100-200 kn
Visiter
Musée : 20-35 kn
Sortir
Espresso : 6-10 kn
Bière pression : 10-20 kn
Entrée en club : 30 kn
Spectacle : 80-100 kn

ADRESSES UTILES

Bureaux de poste
→ Široka 8 **(A** C3)
Lun.-ven. 7h30-21h, sam. 10h-17h
→ Šetalište kralja Zvonimira **(C** B2) Lun.-ven. 7h30-21h ; sam. 8h-12h, 18h-21h

AU FIL DES STYLES

Roman tardif (XIVᵉ s.)
Les premiers édifices de la cité : voûtes romanes et chapiteaux sculptés.
Franjevački samostan **(A** B2)
Gothico-Renaissance (XVᵉ-XVIᵉ s.)
Le style caractéristique de Raguse : éléments du gothique flamboyant et lignes Renaissance.
Palača Sponza **(B** B3)
Baroque (XVIIᵉ-XVIIIᵉ s.)
Après le séisme de 1667 : courbes baroques et profusion des ornements.
Crkva Sv. Vlaha **(B** B4)

ÎLE DE MLJET

LA VIEILLE VILLE DE DUBROVNIK

CARTE DE VISITE

- 48 000 hab.
- Capitale de
la Dalmatie méridionale
- 1 € = 7,28 kunas (kn)
1 kn = 100 lipas
- Climat méditerranéen :
été chaud et sec
(20-30 °C), hiver doux
et humide (4-10 °C)

UN JOYAU FORTIFIÉ

Ville-monument, musée
à ciel ouvert... La vieille
ville de Dubrovnik est,
depuis 1979, classée
par l'Unesco sur la liste
du Patrimoine mondial
de l'humanité. Derrière
des remparts médiévaux
intacts, longs de 2 km,
se blottissent les témoins
de son glorieux passé :
monastères, palais
Renaissance, églises
baroques... Sur les toits
flotte le drapeau blanc
barré du mot "Libertas",
et partout s'affiche
la devise de l'ancienne
Raguse : "La liberté ne
se vend pas, même pour
tout l'or du monde".

INTERNET

Dubrovnik en ligne
→ *www.tzdubrovnik.hr*
Portail officiel de l'office
de tourisme de Dubrovnik,
en anglais.
→ *www.visitdubrovnik.hr*
Très complet, le site
de la région de Dubrovnik,
de Cavtat à Korčula.
→ *www.croatie.hr*
Office national croate
de tourisme.
Cafés Internet
Plusieurs cafés Internet
dans la ville close :
rue Prijeko et ses ruelles
perpendiculaires.
Netcafe (A D3)
→ *Prijeko 21*
Tél. 020 321 025 Tlj. 9h-23h
Le plus agréable de la Vieille
Ville. 8 postes. 30 kn/h.
Dubrovnik Internet
Centar (C D3)
→ *Branitelja Dubrovnika 7*
Tél. 020 311 134 Tlj. 8h-21h
15 postes dans l'office de
tourisme de Pile. 20 kn/h.

INFORMATIONS TOURISTIQUES

Turistička zajednica grada Dubrovnika
→ *Tél. 020 323 887*
L'office de tourisme de
Dubrovnik : cinq antennes.
Brochures, plans de ville
et informations sur les îles.
Stradun (A C3)
→ *Placa Tél. 020 321 561*
Tlj. 8h-20h (22h juil.-août)
Pile (C D3)
→ *Branitelja Dubrovnika 7*
Tél. 020 427 591 Avr.-oct. :
tlj. 8h-20h ; nov.-mars : lun.-
ven. 9h-16h, sam. 9h-14h
Gruž (C C1)
→ *Obala Stjepana Radića 27*
Tél. 020 417 983
Mêmes horaires que Pile
Lapad (C B2)
→ *Šetalište kralja Zvonimira 25*
Tél. 020 437 460
Mêmes horaires que Pile
TIC Kolodvor (C C1)
→ *Obala Pape Ivana Pavla II*
Tél. 020 417 581
Mai-sep. : tlj. 8h-20h

Turistička zajednica grada Korčule (D B2)
→ *Obala Dr. Franje Tuđmana /*
Korčula Tél. 020 715 701 Juin-
mi-oct. : tlj. 8h-15h, 16h-22h
(19h juin) ; mi-oct.-mai : lun.-
sam. 8h-15h, dim. 9h-14h
Le bureau d'information
de Korčula, dans la cité
médiévale.

TÉLÉPHONE

Indicatifs
France / Dubrovnik
→ *00 + 385 (indicatif*
de la Croatie) + 20 (indicatif
de la région) + n° de tél.
à 6 chiffres du correspondant
Croatie / France
→ *00 + 33 (indicatif de*
la France) + n° de tél. du
correspondant (sans le 0)
Numéros utiles
Police
→ *Tél. 92*
Pompiers
→ *Tél. 93*
Service médical d'urgence
→ *Tél. 94*

Appel d'urgence européen
→ *Tél. 112*
Renseignements
→ *Tél. 988 (locaux),*
902 (internationaux)
Téléphones publics
Cartes en vente dans
les bureaux de poste
et les kiosques à journaux.
Vers l'international, cartes
prépayées ou appels à bas
prix depuis les cyber-cafés.
Téléphone portable
Pour les longs séjours,
possibilité d'acheter une
carte SIM locale (réseau
VIP ou T Telecom) et de
l'insérer dans un portable
français ("dé-simlocké") :
on a ainsi un numéro
croate. Simple et meilleur
marché qu'un opérateur
français, même pour
appeler vers l'étranger.

CALENDRIER

Jours fériés
→ *1er jan., 6 jan. (Épiphanie),*
1er mai, Pâques, 22 juin (jour

(carte) map labels
ZAGREBAČKA
TVRĐAVA REVELIN
MINČETA
IZA GRADA
VRATA OD PLOČA
DOMINIKANSKI SAMOSTAN
KAŠE
IZA GRADA
FRANJEVAČKI SAMOSTAN
STARA LUKA
Vrata od Pila
PLACA-STRADUN
CRKVA SV. VLAHA
STARI GRAD
KNEŽEV DVOR
POMORSKI MUZEJ
ETNOGRAFSKI MUZEJ RUPE
BOKAR
U. PILE
DUBROVAČKA KATEDRALA
CRKVA SV. IGNACIJA
RT. ŽUDIO
JADRANSKO MORE (MER ADRIATIQUE)

C

DAKSA

RT KANTAFIG
Kantafig

MOST DR. FRANJE TUĐMANA

OBALA PAPE IVANA PAVLA II

U. SEKA
Copacabana

RT BATERIJA

U. SOLITUDO
Solitudo

UVALA GRUŽ

RT GNJILIŠTE

IVA DULČIĆA

BABIN KUK

IVA DULČIĆA

SVEUČILIŠTE U DUBROVNIKU

LAPADSKA OBALA

IVA DULČIĆA

U. GUSTIJERNICA

KARDINALA STEPINCA

KARDINALA STEPINCA

KRALJA TOMISLAVA

Giman

UVALA SUMRATIN

ŽRTAVA S. DAKSE

OD BATALE
OD SVETOG MIHAJLA

IVA VOJNOVIĆA

MAZARYKOV PUT

LAPAD

MALA PETKA
145 M ▲

VELIKA PETKA
192 M ▲

Hladnica

RT PETKA

HRID JABUKA

OPĆA BOLNICA DUBROVNIK

RT DEBELA GL.

CRKVA SV. VLAHA NA GORICI

D

8   62

HVARSKI KANAL

HVAR   116

KORČULANSKI KANAL

Ploče   62   Metković

BOSNA I HERCEGOVINA

SVETI ILIJA ▲
961 M   Orebić

118   Korčula

KORČULA

LASTOVSKI KANAL

414   Mali Ston

PELJEŠAC   Ston   8

Polače

MLJET   Sobra

LASTOVO

Dubrovnik

A-B-C   ✈
Cavtat

ELAFITI

JADRANSKO MORE
(MER ADRIATIQUE)

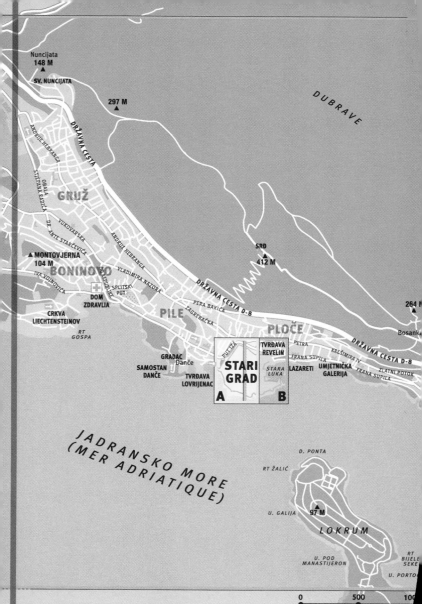

Nuncijata
148 M
▲
▲ SV. NUNCIJATA

297 M
▲

DUBRAVE

DRŽAVNA CESTA

ANDRIJE HEBRANGA

OBALA
STJEPANA RADIĆA

GRUŽ

VUKOVARSKA

DR. ANTE STARČEVIĆA

ANDRIJE HEBRANGA

▲ MONTOVJERNA
104 M

BONINOVO

IVA VOJNOVIĆA

VLADIMIRA NAZORA

REPUBLIKE

SPLITSKI
PUT

✚ DOM
ZDRAVLIA

SRĐ
412 M
▲

DRŽAVNA CESTA D-8

PERA BAKIĆA

CRKVA
LIECHTENSTEINOV

RT
GOSPA

ZAGREBAČKA

PILE

264 M
▲

Bosank

DRŽAVNA CESTA D-8

PLOČE

PETRA

KREŠIMIRA IV

FRANA SUPILA

ZLATNI POTOK

GRADAC
Danče

TVRĐAVA
REVELIN

PUT IZ

SAMOSTAN
DANČE

STARI
GRAD

STARA
LUKA

LAZARETI

UMJETNIČKA
GALERIJA

FRANA SUPILA

TVRĐAVA
LOVRIJENAC

A

B

JADRANSKO MORE
(MER ADRIATIQUE)

D. PONTA

RT ŽALIĆ

U. GALIJA

97 M
▲

LOKRUM

U. POD
MANASTIJERON

RT
BIJELE
SEKE

U. PORTO

0   500   100

1/33 000 - 1 cm = 333 m

PADES AUTOUR DE DUBROVNIK

a place Bunićeva
ins les bars cachés
uelles Kunićeva,
inićeva et Zamanjina.
tir de 1h-2h, les
ds se dirigent vers la
e de Pile pour boire un
ier verre au Capitano
) ou danser au Fuego
o Club **(C** E3).

PPING

leries
us traditionnels aux
fs colorés, de la région
onavle. **Deša (C** E3)
ates
emporel accessoire
node serait né
roatie... **Croata (B** B4)
luits gourmands
e d'olive, jambon
, fromage de brebis...
rovačka kuća (B C3)

rouges corsés et
cs fruités. Liqueurs,
-de-vie aux herbes.
eka Milićić **(A** C3)

LOISIRS

Les plages
Très peu de plages de
sable, mais de gros galets
lisses, des rochers plats
ou des dalles de ciment
pour plonger dans
l'eau turquoise.
Banje (C F3)
Large plage et transats à
deux pas de la Vieille Ville.
Danče (C D3)
Rochers et tranquillité au
creux d'une petite baie.
Lokrum (C F4)
Île "déserte" et farniente
au large de Dubrovnik.
Šunj (à Lopud) (D E3)
Sable fin et nautisme
dans les îles Élaphites.
Naturisme
Très pratiqué sur les îles.
Plages naturistes indiquées
par le sigle "FKK".
Kayak de mer
Pour pagayer au pied des
remparts au coucher du
soleil ! Liste des prestataires
à l'office de tourisme.

LANGUE

À Dubrovnik et dans
les îles, anglais largement
parlé et compris.
Prononciation
Š se prononce "ch" ;
Č : "tch" ; Ć : "tch"
mouillé ; Ž : "j" ; Đ : "dj" ;
J : "y" ; C : "ts" ; E : "è" ;
G : "gu" ; U : "ou" ;
R (entre deux consonnes) :
"eur"
Petit lexique
Voir aussi en fin d'ouvrage
Oui : *da* ; Non : *ne*
Bonjour : *dobro jutro
(matin) / dobar dan*
Bonsoir : *dobra večer*
Au revoir : *doviđenja / adio*
Salut : *bog*
Bonne nuit ! : *laku noć !*
S'il vous plaît : *molim vas*
Merci : *hvala*
Merci beaucoup :
hvala lijepo
Pardon : *oprostite*
Excusez-moi :
ispričavam ne
Santé ! : *živjeli !*

ESCAPADES

Vers le Monténégro et la Bosnie-Herzégovine
Ces excursions peuvent
s'envisager à la journée
via les agences de
voyages de Dubrovnik.
Kotor
→ *2h à 2h30 de trajet*
*Bus au départ de la gare
routière de Dubrovnik*
Au Monténégro, une cité
fortifiée blottie au fond
d'un fjord spectaculaire :
les "bouches de Kotor".
Mostar
→ *2h30 à 3h de trajet*
*Bus au départ de la gare
routière de Dubrovnik*
La petite capitale de
l'Herzégovine, ravagée
par la guerre, a retrouvé
son célèbre Vieux-Pont
et ses quartiers typiques
à l'architecture
médiévale ottomane.
Vers le nord, la côte dalmate
Split
→ *Accès en bateau (10h
de trajet) depuis le port
de Gruž à Dubrovnik ou
en bus (4h30 de trajet) au
départ de la gare routière*
La 2e ville de Croatie,
dynamique et animée.
À ne pas manquer :
le palais de Dioclétien
dont les murs content
1 700 ans d'histoire.
Hvar
→ *Accès en bateau au
départ du port de Gruž (8h
de trajet) ou depuis Split
(1h à 2h de traversée)*
L'une des plus belles
îles de l'Adriatique !
Trogir
→ *Accès en bus
depuis la gare routière
(5h de trajet via Split)*
Une petite merveille
de cité médiévale,
posée sur un îlot.

COSTUMES FOLKLORIQUES

ESCALIER DE LA VIEILLE VILLE

PLAGE DE BANJE

GRANDES FIGURES RAGUSAINES

Marin Držić (1508-67)
Le "Shakespeare croate", célèbre dramaturge dont les pièces se jouent toujours aujourd'hui.
Ivan Gundulić (1589-1638)
Poète et auteur d'épopées baroques.
Ruđer Bošković (1711-87)
Éminent physicien, aussi philosophe, astronome, mathématicien et poète !
Vlaho Bukovac (1855-1922)
Grand maître impressionniste, réputé pour ses portraits.
Kuća Bukovac **(D** F3)

Pharmacies de garde
→ Tlj. 7h-20h
En alternance :
→ Obala Pape Ivana Pavla II **(C** C1) Tél. 020 418 990
→ Placa **(B** B3)
Tél. 020 321 133

Laverie
Wash & Dry **(C** D2)
→ Pera Čingrije 8
Tél. 098 96 44 920 Juin-oct. :
tlj. 9h-22h ; nov.-mai : lun.-sam. 9h-18h, dim. 10h-16h
La seule à Dubrovnik.
Linge lavé, séché, plié :
85 kn/machine.

AU RYTHME DE DUBROVNIK

Les saisons
De Pâques à oct., le vieux Dubrovnik et les îles vivent au rythme des allées et venues des touristes. En juil. et août, c'est la cohue ! En hiver, seuls restent ouverts, en horaires plus restreints, les lieux fréquentés par les locaux.

Horaires
Attention, horaires souvent approximatifs (même dans les musées), dépendant de la météo, du nombre de clients, etc.
Banques
→ En général, lun.-ven. 8h-20h, sam. 8h-12h
Musées
→ En général, tlj. 9h-18h (14h hors saison)
Magasins
→ En général, lun.-sam. 9h-21h (ouverture le dim. en saison dans les lieux touristiques)
Restaurants
→ En général, tlj. 11h-0h
Cafés
→ En général, tlj. 8h-0h
Bars, discothèques
→ Fermeture à 4h

SE RESTAURER

Sur la côte, on découvre une gastronomie locale pleine de saveurs méditerranéennes, où le poisson et les fruits de mer sont rois. Dans les montagnes, plats de gibier et de viandes cuites sous une cloche (peka) recouverte de braises. Partout, large influence de l'Italie et nombreuses pizzerias à prix doux. À la carte des vins : rouges de la presqu'île de Pelješac et blancs de Korčula.

Spécialités
Pršut : jambon fumé
Kamenice : huîtres
Risotto noir : à l'encre de poulpe
Bouzzara : façon de préparer coquillages et crustacés (vin blanc, huile d'olive, tomates, ail et persil)
Ćevapi : saucisses de viande hachée

À savoir
Rue Prijeko
Éviter ses restaurants (de mauvaise qualité), dont les rabatteurs, pressants, arpentent Placa.

Cartes
Toujours traduites en anglais, souvent même en 4 ou 5 langues ! Couvert parfois payant.

VISITES

Églises
Ouvertes le matin pour les messes, parfois fermées l'après-midi. Tenue décente conseillée.
Photos
Souvent interdites dans les musées et les églises.
Tarifs réduits
Dans les musées, demi-tarif pour les enfants et les étudiants. Billet combiné pour le palais des Recteurs, le Musée ethnographique, le Musée maritime et le musée Marin Držić : 50 kn.

SORTIES

Bars
Le soir, tout se passe dans la Vieille Ville : en terrasse

C'est du haut de ses remparts que l'on saisit le mieux l'exceptionnelle beauté de la ville close de Dubrovnik. Vus du chemin de ronde, églises, monastères, palais à la pierre claire surgissent au milieu d'un océan de toitures rouges, avec la mer pour toile de fond... À l'ouest, la porte de Pile fourmille dès le petit matin d'un incessant va-et-vient et ouvre sur Placa, artère aux pavés si lustrés que les façades s'y reflètent ! Au nord, dissimulant bars et cafés, des venelles parallèles, dont les escaliers grimpent à l'assaut de la muraille. Au sud, un dédale de ruelles escarpées, plus calmes, aux demeures ornées de blasons.

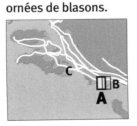

MEA CULPA

CAFÉ FESTIVAL

RESTAURANTS

Buffet Škola (A C3)
→ Antuninska 1
Tél. 020 321 096
Tlj. 8h-oh (3h juin-sep.)
Pour les repas rapides, de généreuses tranches de pain fait maison, garnies de fromage de montagne ou de jambon fumé (pršut). À dévorer attablé dans la ruelle ou devant le feuilleton télévisé avec Dinka et Milo, les propriétaires ! Sandwich 18-23 kn.

Spaghetteria Toni (A C4)
→ Nikole Božidarevića 14
Tél. 020 323 134 Tlj. 12h-23h
Rigatoni aux asperges, tortellini aux noix, lasagnes aux cinq fromages, spaghetti al pesto... À la carte de cette spaghetteria, 24 recettes de pâtes, mais aussi de grandes salades italiennes. Plat 30-59 kn.

Mea Culpa (A B4)
→ Za Rokom 3
Tél. 020 323 430
Tlj. 8h-oh (23h nov.-avr.)
Fermeture mi-déc.-mi-jan.
De l'avis de tous, les plus savoureuses pizzas de la Vieille Ville, si énormes qu'on en vient à bout relève du défi ! Tables dans la rue, prises d'assaut en été. Pizza 35-55 kn.

Taj Mahal (A C4)
→ Nikole Gučetića 2
Tél. 020 323 221 Tlj. 10h-oh
Arborant reliures et couverture en bois, le menu invite ici à un voyage... non pas en Inde, mais en Bosnie ! Parmi les découvertes culinaires : pljeskavica (pain fourré à la viande) et ćevapi (viande de bœuf haché typique de Sarajevo). Plat 35-90 kn.

Domino (A B4)
→ Od Domina 6
Tél. 020 323 103
Fév.-nov. : tlj. 11h-oh
Un classique pour les amateurs de bonne viande : médaillons de veau flambés, tournedos "Rossini" et grillades de toutes sortes... Salle rustique en sous-sol, où affleure la roche ! Plat 80-140 kn.

Proto (A C3)
→ Široka 1
Tél. 020 323 234 Tlj. 11h-23h
Depuis 1886, ce restaurant réputé régale les Ragusains de ses poissons, cuisinés à la dalmate (câpres et tomates), à la sauce citron ou simplement grillés et arrosés d'huile d'olive. Terrasse à l'étage et intérieur élégant où s'affichent les photos d'époque. Plat 99-158 kn.

ŽA

ĐARDIN

VINOTEKA MILIČIĆ

CAFÉS, GLACIER

Café Festival (A C3)

→ *Placa Tél. 020 321 148*
Tlj. 8h30-22h (1h juil.-août)
Le café historique de Placa et son long comptoir patiné, dans une demeure où se déroulait autrefois le Festival d'été... Aujourd'hui le spectacle est dans la rue : défilé permanent de passants, de groupes guidés par haut-parleur, avec pour décor les façades du XVIIᵉ s. Du café du matin à l'apéritif en soirée, la terrasse du Festival fait une tribune idéale !

Smoothie Bar (A C3)

→ *Palmotićeva 5 Mars-nov. :*
tlj. 10h-21h (oh juin-oct.)
Le petit bar coloré d'un sympathique couple croato-suisse, spécialiste des *smoothies*, ces onctueuses boissons 100% naturelles composées de fruits passés au mixeur et de glace pilée, parfois allongées de yaourt. Selon la saison : abricot, melon, figue fraîche, kiwi... Et le matin, un cocktail vitaminé : fraise, banane, cérales et lait de soja.

Talir (A C3)

→ *Antuninska*
Tél. 020 323 293 Tlj. 8h-oh
Un café d'habitués, aussi repaire des musiciens et des acteurs après leur spectacle durant le Festival d'été. En témoignent les clichés noir et blanc tapissant les murs ! Dans la galerie d'art, expositions de peintres locaux.

Dolce Vita (A C3)

→ *Nalješkovićeva 1*
Tél. 020 321 666 Tlj. 9h-oh
Caché à l'écart de Placa, le meilleur glacier de la cité ! Des cornets aux parfums pistache, pêche, fraise, orange, tiramisu, noix de coco... À savourer en flânant ou à des tables dans la ruelle. Aussi délicieuses : des crêpes et de la limonade maison.

Buža (A C6)

→ *Accès od Margarite ou od Kaštela Avr.-oct. : tlj. 10h-oh Fermé par mauvais temps*
Seule une pancarte "Cold drinks" indique cette percée (*buža*), unique et – presque – secrète, dans les remparts... Passé la petite porte, se dévoile une terrasse de rêve au toit de palme, accrochée sur les rochers et suspendue au-dessus de la mer ! À son pied, une plate-forme d'où plongent les intrépides. Le soir, ambiance magique, silencieuse, au clair de lune.

SHOPPING

Ljekarna Mala Braća (A B3)

→ *Placa Tél. 020 321 411*
Lun.-ven. 7h-13h30,
sam. 7h30-15h
À l'entrée du monastère franciscain, sa pharmacie, en activité depuis 1317 ! Eau de rose, essence de lavande, crème antirides à l'huile d'amande, cire d'abeille hydratante et autres baumes élaborés selon des recettes ancestrales. Derrière le comptoir, les pharmaciennes en blouse blanche ont remplacé les moines !

Aquarius (A B3)

→ *Poljana Paska Miličevića*
Tél. 020 323 388
Juil.-août : tlj. 9h-oh ;
sep.-juin : lun.-sam. 9h-21h
Un petit disquaire pour dégoter le dernier groupe croate à la mode, s'offrir un CD de chants traditionnels dalmates ou l'enregistrement d'un concert de musique classique.

Đardin (A C4)

→ *Miha Pracata 8*
Tél. 020 324 744
Tlj. 9h-21h (oh juil.-août)
Des bijoux glamour, à base de pierres, de coquillages ou de coraux, signés Mihovil Ritonija et superbement mis en scène dans cet ancien palais et sa courette, devenu galerie aux couleurs chatoyantes. Miroirs, cristal, fer forgé, bougies, lumières douces... Un esthétisme poussé jusqu'aux robes des vendeuses créées par des stylistes !

Vinoteka Miličić (A C3)

→ *Placa Tél. 020 321 777*
Mai-sep. : tlj. 10h-22h ; oct.-avr. : tlj. 9h-12h, 17h-20h
L'échoppe de la famille Miličić, vignerons sur la presqu'île de Pelješac. Rangés au côté de la production maison (dont un excellent dingač en barrique), tous les bons vins de la région et d'alléchants souvenirs gourmands : liqueurs aux herbes ou aux figues, vin pétillant de Krk, huile d'olive de Korčula, truffes d'Istrie, fromage, etc.

Galerija Buža (A C4)

→ *Miha Pracata 6*
Tél. 020 323 144
Mai-oct. : tlj. 9h-oh ;
nov.-avr. : lun.-sam. 11h-16h
Encore des bijoux en pierres semi-précieuses dans une jolie boutique bigarrée aux poutres apparentes. Tissus traditionnels brodés de fleurs éclatantes. Abordable.

À l'extrémité est de la Vieille Ville, la place de la Loge, concluant avec majesté l'élégante Placa, annonce la splendeur ragusaine, du XIVe au XVIIIe s. : le palais Sponza et sa façade de dentelle, l'église Saint-Blaise et sa précieuse statue, le monastère dominicain et son cloître délicieux... Tout près, les courbes Renaissance du palais des Recteurs répondent à celles, baroques, de la cathédrale. C'est là que palpite aujourd'hui la cité : sous les parasols rouge et blanc du petit marché, place Gundulićeva ; aux terrasses de la place Bunićeva, le soir, quand les notes de jazz se mêlent au brouhaha. À deux pas, une porte ouvre sur le Vieux-Port...

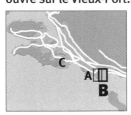

DUBROVAČKI KANTUN

GRADSKA KAVANA

RESTAURANTS

Express (B A3)
→ *Marojice Kaboge 1*
Tél. 020 323 994 Tlj. 10h-22h
À la mode des cantines de l'ère communiste, un self-service au décor monotone et au silence de plomb, mais aux tarifs imbattables ! Cuisinés comme à la maison : soupes, bœuf bouilli, saucisse-lentilles ou *goulash*. Salad-bar pour les appétits plus légers. 20-31 kn.

Kamenice (B A4)
→ *Gundulićeva poljana 8*
Tél. 020 323 682
Tlj. 7h-22h (15h nov.-avr.)
Le rendez-vous des Ragusains après le marché. *Kamenice* (huîtres), risotto noir et *bouzzara* de langoustines se dégustent dans une atmosphère populaire, avec un verre de vin blanc. Plat 20-55 kn.

Lokanda Peskarija (B C4)
→ *Stara luka*
Tél. 020 324 750 Tlj. 8h-0h
Arrimé sur le vieux port, le convivial "coin des pêcheurs" aligne sur sa carte les délices de la mer : anchois marinés, sardines frites, salade de poulpe, crevettes grillées, moules et calamars à l'encre, servis dans de petites marmites en fonte. Intérieur aux airs d'auberge d'antan, pour les jours de pluie. Plat 28-60 kn.

Dubrovački kantun (B B3)
→ *Boškovićeva 5*
Tél. 020 331 911 Juin-sep. : tlj. 10h-0h ; oct.-mai : lun.-sam. 10h30-16h30, 18h30-22h30
Pas de terrasse chez Antonela et Andrej, mais une petite salle intime ornée de tresses d'ail, de fleurs séchées, de vieux ustensiles, et huit tables en chêne massif pour goûter *šporki makaruli* ("macaronis sales") et *pašticada*, un plat de bœuf mijoté dans une sauce aux fruits et aux légumes. Plat 50-110 kn.

Arsenal (B B4)
→ *Luža Tél. 020 321 065*
Tlj. 11h-2h (23h nov.-mars)
Dans l'ancien arsenal, tous les classiques de la gastronomie dalmate à savourer face au port ou sous de monumentales voûtes aux tons pourpres. Rapport qualité-prix remarquable et belle carte de vins croates. Ambiance festive le week-end, quand le bar s'anime et que les concerts mettent le feu à la salle ! Plat 50-120 kn.

OUBADOUR

TRŽNICA

RONCHI

Sapur (B B4)
→ Gundulićeva poljana 2
Tél. 020 324 572
Mai-oct. : tlj. 9h-oh ;
nov.-avr. : tlj. 9h30-23h
Une minuscule taverne
restaurée avec goût
et habillée de mobilier
design, pour une cuisine
insolite, raffinée,
qui remet au goût du jour
des recettes oubliées :
bouzzara rustique,
chapon de Charles V et,
en dessert, lasagnes au
chocolat ! Plat 60-150 kn.

CAFÉS, BAR, CLUB

Gradska Kavana (B B4)
→ Pred dvorom
Tél. 020 321 414
Tlj. 8h-2h (23h nov.-mars)
Le "Café de la ville",
une institution ! Le Tout-
Dubrovnik s'y croise...
Pour un rendez-vous
furtif, un bavardage
entre copines, un café
à toute heure, un repas
vite avalé, un goûter !

Libertina (B B3)
→ Zlatarska 3
Tél. 020 32 15 26
Tlj. 10h-14h, 19h-23h
Un vieux troquet où
palabrent les Ragusains
du cru à l'heure de
l'apéritif. Petits tabourets,
photos jaunies par
les années et l'espresso
le moins cher de la cité !

Troubadour (B B5)
→ Bunićeva poljana 2
Tél. 020 323 476
Avr.-oct. : tlj. 10h-2h ;
nov.-mars : tlj. 17h-23h
Un jazz-bar exigu, star
des soirées de Dubrovnik
quand ses fauteuils en
rotin envahissent la place
et que s'improvisent
jam-sessions et concerts,
sous la houlette de Marko,
le patron contrebassiste.

Labirint (B C3)
→ Sv. Dominika
Tél. 020 322 222 Restaurant :
tlj. 11h-oh Club : tlj. 22h-4h
Installé dans l'un des
bastions des remparts,
un restaurant-club huppé
aux multiples recoins.
Terrasse romantique
avec vue sur le port et
dancefloor enflammé...
ou déserté, selon
la soirée !

THÉÂTRE

Kazalište Marina Držića (B B4)
→ Pred dvorom 3
Tél. 020 321 088
Billetterie : mar.-dim.
10h-12h30, 18h-21h
Dans un joli théâtre
à l'italienne rouge et or
(1864), au plafond peint
par Vlaho Bukovac,
des représentations
de théâtre, de ballet,
d'opéra et de musique de

chambre. Saison de sep.
à juin, relayée en juil.-
août par le Festival d'été
de Dubrovnik, gratuit.

SHOPPING

Tržnica (B B4)
→ Gundulićeva poljana
Lun.-sam. 7h-12h
Au pied de la statue
du poète Ivan Gundulić,
un adorable marché où
les habitants de la Vieille
Ville s'approvisionnent à
la fraîcheur du petit matin :
tomates, poivrons,
pêches, pastèques et
melons gorgés de soleil !

Croata (B B4)
→ Pred dvorom 2
Tél. 020 323 526 Mai.-oct. :
lun.-sam. 9h-21h (22h juil.-
août), dim. 9h30-12h30 ;
nov.-avr. : lun.-sam. 8h-20h
Au pays de la cravate –
accessoire du costume
des soldats croates dès
le XVIIe s. ! –, une marque
prestigieuse. Cravates
de tous coloris,
aux motifs classiques,
mais également des
foulards, des chemises
et des nœuds papillons.

Ronchi (B B4)
→ Lučarica 2
Tél. 020 323 699
Juin.-août : lun.-sam.
9h-21h, dim. 9h-14h /
sep.-mai : lun.-ven. 9h-14h,
17h-19h ; sam. 9h-14h

Extravagants ou plus
sobrement élégants,
des chapeaux de paille
confectionnés dans
sa boutique désuète par
Marina Grabovac-Ronchi,
avec les mêmes gestes
qu'Euphilius, son arrière-
grand-père débarqué
de Milan en 1858.

Dubrovačka kuća (B C3)
→ Sv. Dominika
Tél. 020 322 092
Tlj. 9h-23h (20h oct.-mai)
Savons à base de plantes
dalmates, vins des îles,
huile d'olive, eau-de-vie
de cerise, miel de
montagne... Une jolie
boutique pour emplir
sa valise de cadeaux
enrubannés. Galerie
d'art aux 1er et 2e étages.

GALERIE D'ART

Galerija Sebastian (B B3)
→ Sv. Dominika
Tél. 020 321 490
Juil.-août : lun.-sam. 9h-21h /
mai-juin, sep. : lun.-ven.
9h-20h, sam. 9h-13h /
oct.-avr. : lun.-ven. 9h-12h,
16h-19h ; sam. 9h-12h
Jouxtant le monastère
dominicain, cette galerie
en vue affiche la peinture
contemporaine croate
aux murs de l'ancienne
église Saint-Sébastien.

Hors les murs, les faubourgs de la Vieille Ville s'agrippent aux pentes du mont Srđ : à l'est, le quartier de Ploče et ses hôtels de luxe à flanc de falaise ; à l'ouest, Pile, où le ballet des cars de touristes précède, le soir, celui des noctambules. À quelques encablures, l'îlot de Lokrum promet une belle échappée et de rafraîchissantes baignades... Plus loin, au nord-ouest, Gruž, le nouveau port, résonne des sirènes des ferries en partance vers les îles, et Lapad, cœur de la ville moderne de Dubrovnik, aligne les terrasses animées. Sur la presqu'île de Babin Kuk s'élèvent, isolés, de gigantesques complexes hôteliers.

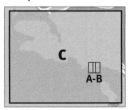

SESAME

LEVANAT

RESTAURANTS

Mamma mia (C C2)
→ *Bana Josipa Jelačića 37*
Tél. 020 420 404
Tlj. 9h-oh (1h w.-e.)
Pizzas cuites au four à bois, *ćevapi*, lasagnes et autres plats à prix doux réunissent les jeunes autour de massives tables en bois, dans cette rue animée que l'on appelle encore "Bourbon street". Plat 28-38 kn.

Sesame (C E3)
→ *Dante Alighierija*
Tél. 020 412 910 Tlj. 8h-oh
Tout près de la ville close, une adresse chérie des Ragusains, où le chef distille une cuisine pleine de saveurs : carpaccio d'aubergines, huîtres aux épices, soupe à la crème de crevettes, salade aux figues et au jambon. Çà et là s'immiscent la sauge, le basilic ou le romarin... Terrasse ensoleillée et taverne aux allures de petit musée. Plat 45-125 kn.

Konoba Dubrava (C F3)
→ *Bosanka*
Tél. 020 416 405
Mar.-dim. 12h-oh
Sur les hauteurs de Dubrovnik, une auberge champêtre entourée de chênes séculaires, pour échapper à la foule de la côte ! Spécialité de gibier,

cuit au feu de bois ou sous une cloche (*peka*) avec des pommes de terre. L'hiver, on se réfugie au chaud, près de la cheminée. Jeux pour les enfants. Plat 50-95 kn.

Orhan (C E3)
→ *Od Tabakarije 1*
Tél. 020 414 183
Fév.-nov. : tlj. 10h-oh
Juste pêchés : daurades, calamars, homards et scampis... On choisit son poisson puis la façon de l'accommoder ! Pour patienter : friture, soupe du pêcheur et salade de fruits de mer... Au creux d'un adorable petit port et à deux pas du tumulte de la porte de Pile. Plat 65-160 kn.

Levanat (C A1)
→ *Šetalište Nika i Meda Pucića 15* Tél. 020 435 352
Fév.-oct. : tlj. 8h-oh
Au bout d'une belle promenade longeant la mer, la table de qualité des sœurs Sutić, où l'on se délecte de crevettes au miel, de langoustes, de nouilles vertes à la baudroie, de *brodetto* (sorte de bouillabaisse) et, au dessert, de crêpes au chaudeau (lait sucré) de vin. Aussi pour un verre sous les oliviers et face à l'Adriatique. Plat 75-140 kn.

EGO LATINO CLUB

FOLKLORNI ANSAMBL "LINĐO"

TRŽNICA GRUŽ

Taverna Rustica (C F3)
→ *Frana Supila 12*
Tél. 020 353 353 Tlj. 18h-0h
L'un des restaurants chic de l'hôtel Excelsior, installé à l'écart, dans une ancienne église trois fois centenaire. La carte, restreinte, privilégie la fraîcheur : pâtes noires au homard, carpaccio de thon... À flanc de falaise, vue enchanteresse sur la Vieille Ville et Lokrum. Plat 115-230 kn.

CAFÉS, PÂTISSERIE

Klara (C C2)
→ *Nikole Tesle 14 Lun.-sam. 6h-21h, dim. 9h-20h*
Pause gourmande à Gruž, dans cette vieille pâtisserie sans chichis, où le strudel à la cerise ou aux pommes fait l'unanimité ! Trois tables sur le trottoir, investies par les papis du quartier.

Revelin Club (C E3)
→ *Sv. Dominika*
Tél. 020 322 164 Mi-juin-août : tlj. 9h-5h ; sep.-mi-juin : tlj. 9h-23h (5h jeu.)
La superbe terrasse ombragée du fort Revelin, poste d'observation idéal pour suivre le va-et-vient des bateaux sur le Vieux-Port. Discothèque dans les entrailles du bastion, certains soirs.

Orsan Yacht Club (C B1)
→ *Ivana Zajca 2*
Tél. 020 435 933 Tlj. 8h-0h
Sur la baie, à l'ombre providentielle de deux grands pins, le modeste café-restaurant du Yacht Club de Gruž, pour siroter une bière Ožujsko et regarder tanguer les voiliers, loin du bruit de la ville...

BAR, CLUB

Capitano bar (C E3)
→ *Između vrta*
Juin-sep. : tlj. 20h-4h ; oct.-mai : jeu.-sam. 20h-4h
Un petit bar de nuit sans prétention, devenu le passage obligé de tout bon noctambule ! Le week-end et en saison, la foule déborde largement sur la ruelle et son muret.

Fuego Latino Club (C E3)
→ *Brsalje 8 Tél. 020 312 871*
Juin-sep. : tlj. 22h-4h ; oct.-mai : jeu.-sam. 22h-4h
Près de la porte de Pile, la discothèque en vogue, décontractée, où les oiseaux de nuit de toutes nationalités se mêlent à la jeunesse ragusaine. Programmation variée et grand public, navigant entre r'n'b, house et salsa. Bar à l'étage. *Happy hour* de 22h à 0h.

CONCERTS, FOLKLORE

Dubrovački simfonijski orkestar (C E3)
→ *Sv. Dominika*
Tél. 020 417 110
ou rens. sur www.dso.hr
Créé en 1924, l'orchestre symphonique de Dubrovnik déploie ses 38 contrebassistes, violonistes ou clarinettistes sous les voûtes monumentales du fort Revelin, et prend ses quartiers d'été dans le palais des Recteurs.

Klub Orlando (C D3)
→ *Branitelja Dubrovnika 41*
Tél. 020 312 674
www.klub-orlando.com
Derrière l'ancien hôpital, désaffecté, un petit club à la programmation aussi underground qu'éclectique : métal croate, rap US ou sessions *drum'n'bass*... Cinéma indépendant le lun. Festival *Re-Akcija* en été : théâtre, expos de photos, concerts en plein air, etc.

Folklorni Ansambl "Linđo" (C E3)
→ *Frana Supila 8*
Tél. 020 324 023
Juin-sep. : lun., ven. 21h30
Autour du musicien, assis et tapant du pied pour donner le rythme, les danseurs tournoient au

son du *lijerica* (sorte de violon, typique de la Dalmatie), dans une "ronde des petits bonds" (*linđo*) endiablée ! Avec les lazarets pour décor, un spectacle folklorique pour se plonger dans les coutumes populaires de toutes les régions de la Croatie.

SHOPPING

Deša (C E3)
→ *Frana Supila 8*
Tél. 020 420 145
Juin-sep. : lun.-ven. 8h-16h ; oct.-mai : tlj. 8h-21h
Installée dans l'une des cours des lazarets, cette association œuvre depuis la fin de la guerre à la réinsertion professionnelle des femmes des Konavle. Confectionnés ici : napperons, mouchoirs, sacs et chemises en broderie traditionnelle.

Tržnica Gruž (C C1)
→ *Obala Stjepana Radića*
Lun.-sam. 7h-12h
Sur le port de Gruž, un petit marché haut en couleur, parfait pour se ravitailler avant d'embarquer. Sous les parasols rouge et blanc, fruits et légumes en monticules. Dans la halle, poissons et fruits de mer fraîchement pêchés.

Autour de Dubrovnik, la côte dalmate déploie des paysages superbes, aux reliefs découpés plongeant dans les eaux cristallines de la mer Adriatique. Au large, un chapelet d'îles enfilées comme autant de perles vertes : les Élaphites, jadis villégiatures du patriciat ragusain ; Mljet, refuge des amoureux de la nature ; Korčula, fief vénitien quatre siècles durant. Le long de cette côte, de Trsteno à Orebić, palais, murailles ou monastères témoignent toutefois de l'influence de l'ancienne Raguse. D'île en île, de port en port… des escapades ponctuées d'étapes gourmandes, des restaurants de poisson de Cavtat jusqu'aux vignobles de Pelješac.

D

Dubrovnik

A-B-C

LEUT

KONOBA VINICA

RESTAURANTS

Cavtat
Leut (D F3)
→ Put Trumbića 11
Tél. 020 478 477
Mi-fév.-nov. : tlj. 11h-oh
Poissons et fruits de mer font la renommée de cette table du port de Cavtat, depuis plus de 35 ans. Langoustines et homards grillés, bar en croûte de sel, pâtes aux crevettes, etc. Plat 62-120 kn.

Konavle
Konavoski Komin (D F3)
→ Velji Do
Tél. 020 479607 Tlj. 12h-oh
Enfouie dans la forêt, au cœur des montagnes des Konavle, une petite auberge et ses spécialités paysannes : fromage de pays, jambon cru, potage, brochettes, côtelettes d'agneau grillées au feu de bois et, à commander à l'avance, poulpe ou veau à la peka.
Plat 45-90 kn.

Konoba Vinica (D F3)
→ Ljuta
Tél. 020 791 244 Mai-sep. : tlj. 12h-23h ; oct.-déc., fév.-avr. : jeu.-mar. 12h-23h
Pour manger sur des planches au milieu de la rivière ! Dans un cadre bucolique à souhait, on se délecte de truites pêchées ici même ou

de viandes cuites sous la peka. Plat 45-100 kn.

Zaton
Gverović Orsan (D E3)
→ Štikovica 43 / Zaton mali
Tél. 020 891 267
Mars-nov. : tlj. 12h-oh
Blotti dans une baie, un ancien hangar à bateau (orsan) vieux de 600 ans, que prolonge une terrasse idyllique, courue pour son risotto noir, le meilleur de la région dit-on ici… Le secret : un soupçon d'eau de mer ! Transats pour la sieste. Plat 70-180 kn.

Mali Ston
Taverna Bota Šare (D D2)
→ Tél. 020 754 482
Tlj. 8h-oh
Après un verre de grappa, le festin commence : huîtres tout juste sorties de l'eau, moules grillées au feu de bois, crabes et petits homards… Tout ici, depuis des générations, est produit, pêché ou élevé dans un rayon de 1 km ! Terrasse sur le port et salle magnifique, dans un ancien entrepôt de sel. Plat 80-200 kn.

Elafiti
Kod Marka (D E3)
→ Šipanska Luka / Šipan
Tél. 020 758 007 Tlj. 11h-oh
(sur réservation hors saison)
Un ponton en bois, le clapotis des vaguelettes,

NOBA OBALA

MASSIMO

MATUŠKO

quelques tables et leurs nappes vichy, l'accueil de Marko et le bonheur d'un poisson grillé, arrosé d'huile d'olive... Menu selon la prise des pêcheurs du village et bouillabaisse à la mode locale. Plat 50-140 kn.

Konoba Obala (D E3)
→ *Obala Kuljevana 18 / Lopud Tél. 020 759 170 Avr.-oct. : tlj. 11h-oh*
Sur la promenade animée de Lopud, une valeur sûre pour déguster poisson en sauce, fruits de mer à la *bouzzara* et autres délices de l'Adriatique. Plat 55-150 kn.

Korčula

Maslina (D B2)
→ *Lumbarajska cesta / Korčula Tél. 020 711 720 Tlj. 11h-oh*
En bord de route mais qu'importe ! La terrasse ombragée, le vin de la maison invitent à s'attarder, autour d'une *pogača*, tendre pizza aux légumes du jardin, cuite à la braise. Plat 20-60 kn.

Planjak (D B2)
→ *Plokata 19 travnja 1921 / Korčula Tél. 020 711 015 Tlj. 8h-22h (23h juin-sep.)*
À l'entrée de la cité médiévale, un restaurant de quartier tout simple, mais toujours plein à craquer ! À l'intérieur,

les photos sépia du vieux Korčula. Plat 40-80 kn.

Batistić - Zure (D B2)
→ *Lumbarda Tél. 020 712 008 Mai-sep. : tlj. 20h-oh ; oct.-avr. : mar.-sam. 20h-23h*
Chaque matin, le patron, aussi pêcheur, rentre du large avec poissons et homards – les moins chers de toute la côte ! – qui, grillés et accompagnés des légumes du potager, régaleront le soir ses habitués. Et comme, dans cette taverne champêtre, tout est fait maison, les vignes donnent un vin merveilleux et les caroubiers une douce liqueur fruitée ! Plat 55-95 kn. Poisson 199 kn/kg.

PÂTISSERIE, BAR

Korčula

Cukarin (D B2)
→ *Hrvatske bratske zajednice / Korčula Tél. 020 711 055 Lun.-ven. 8h30-12h, 18h-21h ; sam. 8h30-12h*
Une pâtisserie coquette aux douceurs irrésistibles... *Cukarin*, sablé parfumé à l'orange et au citron, *klašun*, fourré aux noix, *amareta*, gami d'amandes, et *bombica "Marko Polo"*, boule à la crème fine nappée de chocolat.

Massimo (D B2)
→ *Šetalište Petra Kanavelića / Korčula Tél. 020 715 073 Mai-oct. : tlj. 18h-2h*
Au sommet de la tour Kula Zakerjan (montée abrupte !), un bar insolite pour siroter un cocktail au coucher du soleil, les yeux perdus vers le large.

FOLKLORE

Čilipi (D F3)
→ *Tél. 020 771 007 Avr.-oct. : dim. 11h*
Après la messe, sur la place de l'église, les habitants du village de Čilipi font revivre danses et chants folkloriques, parés du costume traditionnel. Pour les messieurs : bas de laine, pantalon et gilet brodé. Pour les dames : longues robes et coiffes cousues de fil d'or, blanches pour les mariées, rouges pour les cœurs à prendre ! Touristique.

VINS

Pelješac

Matuško (D C2)
→ *Potomje Tél. 020 742 393 Tlj. 8h-20h*
Au milieu des vignes, un grand cellier et sa boutique, pour goûter ou faire provision de *dingač*,

un vin rouge corsé typique de la presqu'île de Pelješac. Autre spécialité : le *prošek*, un vin doux agrémentant à merveille les desserts.

Vinarija Bartulović (D C2)
→ *Prizdrina Tél. 020 742 346 Tlj. 10h-19h*
Une taverne rustique dans le minuscule village de Prizdrina, chez de jeunes viticulteurs héritiers de vignobles remontant au XVI° s. !
À déguster : vins rouge, blanc et, plus rare, rosé, ainsi que des eaux-de-vie aux herbes. Restauration sur réservation.

Korčula

Agroturizam Bire (D B2)
→ *Lumbarda Tél. 020 712 007 Tlj. sur rdv ou s'adresser à la pension Marinka, à Lumbarda*
Chez Frano Milina Bire, le *grk*, célèbre vin blanc de l'île de Korčula, produit autour de Lumbarda, mûrit ses arômes fruités en barrique, derrière des murs frais et épais. Dégustation et visite de la ferme traditionnelle (et bio), où gambadent un âne et des chèvres. Aussi en vente : jambon fumé et liqueurs maison (mandarine, cerise, herbes aromatiques, citron).

AÉROPORT DE DUBROVNIK

à Dubrovnik, par quartier, et dans les environs, de Cavtat à Korčula. Sélection par critères (A/C, TV, lit bébé, etc.), photos et tarifs en évidence facilitent le choix... Reste à contacter directement le propriétaire ! Réservation online aussi possible.

Begović Boarding House (C B1)
→ *Primorska 17 (accès bus n°5, 6, 7, 9) Tél. 020 435 191 bega_dbk@yahoo.com*
Tout sourire, le couple Begović et leur fils accueillent les jeunes de toutes nationalités dans leur grand pavillon, sur les hauteurs de Lapad. Refaits à neuf : 4 appartements avec cuisine et 3 chambres confortables. Un vrai petit hôtel ! Terrasse, avec vue, sous la tonnelle, pour faire connaissance avec les voisins... Transfert gratuit de la gare routière ou du port. 170-220 kn.

Paulina Čumbelić (C E3)
→ *Od Tabakarije 2 Tél. 020 421 327 ou 091 530 79 85 Mai-oct.*
Chez l'adorable Paulina, deux chambres doubles, deux simples et une triple, toutes propres et gentiment kitsch. Sdb à partager sur le palier. 260-300 kn.

Restaurant Orhan (C E3)
→ *Od Tabakarije 1 Accueil au restaurant Fév.-nov. : tlj. 11h-0h Tél. 020 414 183 dominik.kuzman@du.hinet.hr*
À côté des précédentes, les 11 chambres du restaurant Orhan, sans prétention mais correctes, pour loger près de la Vieille Ville, dans la tranquillité du petit port de pêcheurs de Pile. 400 kn.

VIEILLE VILLE

Hotel Stari Grad (A C3)
→ *Od Sigurate 4 Tél. 020 322 244 www.hotelstarigrad.com*
L'un des deux seuls hôtels

de la ville close, caché dans une ruelle et installé dans l'ancienne demeure des comtes Drašković. Du mobilier ancien décore ses 8 chambres raffinées, petites mais impeccables. Terrasse splendide au-dessus des toits de la ville, pour le petit déjeuner ou pour se prélasser. 850-1 400 Kn.

Pucić Palace (B A4)
→ *Od puča 1 Tél. 020 326 200 www.thepucicpalace.com*
Tentures anciennes, pierre blanche apparente, parquet de chêne, sdb en mosaïques italiennes... Toute l'élégance des palais aristocratiques de Raguse habille les 19 chambres de cette demeure devenue hôtel de luxe. Service irréprochable et tout le confort d'aujourd'hui. Bar à vin, restaurant sur le toit et terrasse sur la place Gundulić. 2 000-3 500 kn.

Entièrement piétonne, la Vieille Ville de Dubrovnik se découvre à pied.

BUS

Libertas Dubrovnik
→ *Tél. 0800 1910 ou 020 357 020 Selon la ligne, bus de 5h à 0h (2h en été), ttes les 10 à 40 min*
Les bus municipaux (9 lignes) relient la Vieille Ville (arrêt principal à la porte de Pile) et les quartiers de Gruž, Lapad et Babin Kuk. Achat des tickets (valables 1h) dans les kiosques (8 kn) ou au chauffeur (10 kn, faire l'appoint). Carte 20 trajets : 120 kn.

TAXIS

→ *Radio-taxis : tél. (020) 970 Tlj. 24h/24*
Stations de taxis aux deux portes de la ville close : Pile et Ploče, ainsi qu'à la gare routière et au port de Gruž. Prise en charge 25 kn, puis 8 kn/km. 2 kn/bagage.

VOITURE

Stationnement
Très difficile aux abords de la Vieille Ville, surtout en saison ! Parkings fermés (10 kn/h en été, 5 en hiver) au pied des remparts nord et stationnement payant dans les rues alentour (mêmes tarifs du lun. au sam., de 7h à 21h).

Location
Agences à l'aéroport, au port de Gruž, ainsi que sur Frana Supila, près de la porte de Ploče. À partir de 400 kn/j. En été, mieux vaut réserver.

AÉROPORT

Zračna luka Dubrovnik

→ *Tél. 020 773 377*
www.airport-dubrovnik.hr
À Čilipi, à 21 km au
sud-est de Dubrovnik.
Vols réguliers directs
vers Paris (3 fois/sem.
d'avr. à oct.), Zagreb,
Split et la plupart des
capitales européennes,
avec Croatia Airlines.

Liaisons centre-ville

Taxi
→ *20-30 min, 200 kn env.*
Bus Atlas
→ *À l'arrivée et au départ
de chaque vol, 30 min,
30 kn*
Arrêts à la porte de Pile
et à la gare routière.

ACCÈS AÉROPORT

---

*Sauf mention contraire, les
prix indiqués sont ceux d'une
chambre double standard,
avec salle de bains (sdb) en
basse saison-haute saison,
petit déjeuner inclus (sauf
dans les chambres chez
l'habitant). Il faut y ajouter la
taxe touristique et, en été, une
majoration (souvent 20%)
pour les séjours de moins de
3 nuits ! L'hébergement est
très cher et le parc hôtelier
se limite pour l'instant
à de gigantesques complexes
des années 1970, peu à peu
transformés en hôtels
4 ou 5 étoiles. De ce fait,
les chambres chez l'habitant
et locations d'appartements
fleurissent par centaines,
constituant la meilleure
solution pour se loger
à petits prix. Une formule
idéale, aussi, pour dormir
dans la Vieille Ville (qui
compte seulement deux hôtels)
ou à deux pas,
dans les faubourgs de Pile
et Ploče (où ne se dressent*

*que des établissements
de luxe). D'une manière
générale, possibilité
de négocier les prix hors
saison, ceux-ci variant sur
le moment en fonction
du taux de remplissage. En
juil.-août, réserver à l'avance.*

CAMPINGS

*Tarif indiqué pour deux pers.
et une tente. Nombreux
campings ("auto-camps") le
long de la route littorale, au
sud et au nord de Dubrovnik.*

Auto-camp Solitudo (C B1)

→ *Iva Dulčića 39 (accès bus
n°5, 6 ou 7) Tél. 020 448 686
Avr.-oct. www.babinkuk.com*
L'unique camping de
Dubrovnik, situé à Babin
Kuk. 238 emplacements,
plus ou moins ombragés,
s'y étagent en pente douce
vers la mer et la petite plage
de Copacabana. Accès à la
piscine de l'hôtel Minčeta,
juste à côté. 120-210 kn.

AUBERGE DE JEUNESSE

Dubrovnik Youth Hostel (C D2)

→ *Bana Josipa Jelačića 15
(accès bus : ttes les lignes)
Tél. 020 423 241 www.hfhs.hr*
Dans un quartier résidentiel,
l'auberge de jeunesse – la
seule de toute la région –
occupe un triste bâtiment
gris, rajeuni à l'intérieur
d'une couche de peinture
bleue et jaune... Au total :
82 lits répartis en 18 petits
dortoirs de 4 à 6 pers.
Terrasse conviviale pour
le petit déjeuner. Draps
inclus. 75-110 kn/pers.

CHAMBRES CHEZ L'HABITANT, APPARTEMENTS

De la simple chambre chez
l'habitant à l'appartement
luxueux avec terrasse, pas
moins de 4 200 lits ! Pour
faire son choix, plusieurs

options : réserver *via*
une agence de voyages,
consulter les sites Internet
spécialisés ou s'adresser
sur place directement au
propriétaire (que signalent
des plaques "sobe"
ou "apartaman"). Compter
de 150 à 500 kn selon la
saison et le standing pour
une chambre, 200 à 700 kn
pour un appartement.

Agences de voyages

Atlas (C B1)
→ *Ćira Carića 3
Tél. 020 442 222
www.atlas-croatia.com*
Bureaux à Pile, sur Placa et
à Gruž. Site Internet pour
réserver en ligne et voir les
disponibilités en temps réel.
Elite (C D2)
→ *Vukovarska 17
Tél. 020 358 200 www.elite.hr*

Site Internet

www.dubrovnik-area.com
Très bien conçu, traduit
en 8 langues, le site
indispensable pour trouver
une chambre ou un studio

Transports et hôtels à Dubrovnik

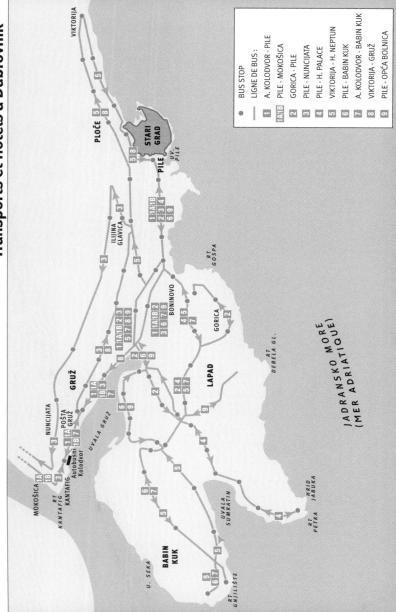

Index des rues, des villes, des villages, des monuments et des lieux de visite

Les lettres **(A, B, C...)** correspondent au quartier du même nom.
La lettre seule renvoie à une adresse (restaurants, cafés, bars, boutiques).
Suivie d'une étoile (**A★**), elle se rapporte à un site ou à un monument.

RUES
ANDRIJE HEBRANGA
  C C1-D2
ANDROVIĆEVA
  A D5, B A5
ANICE BOŠKOVIĆ C D3
ANTUNINSKA A C3
BANA JOSIPA JELAČIĆA
  C C2
BANDUREVA B C5
BATALE, OD C C2
BOŠKOVIĆEVA
  B C5, A D3, C A3-B3
BOSANKA B C5, C F3
BRAĆE ANDRIJIĆA B C5
BRANITELJA
DUBROVNIKA C D3
BRSALJE C E3
CELESTINA MEDOVIĆA
  A C2
CRIJEVIĆEVA A C5
CVIJETE ZUZORIĆ
  A D4, B A3
ĆIRA CARIĆA C B1
ČUBRANIĆEVA
  A B3
DALMATINSKA
  C C2
DANTE ALIGHIERIJA
  C D3-E3
DINKA RANJINE B A4-A5
DON FRANA BULIĆA
  C D3
DOMINA, OD A B5-B4
DR. ANTE ŠERCERA
  C B2-C2
DR. ANTE STARČEVIĆA
  C C2-D2
DRŽAVNA CESTA D-8
  C D1-F3
DROPČEVA A D3, B A3
ĐURA BASARIČEKA C C1
ĐORĐIĆEVA
  A B3-C3
ĐURA BALJEVI
  B C5-B5
ĐURA PULJIĆA A A1
FRANA SUPILA C D3-E3
GAJA, OD C D1-D2
GARIŠTE A B3
GETALDIĆEVA A B3
GORNJI KONO C D2-E3
GRADIĆEVA A D5, B B5

GRBAVA A C5
HANIBALA LUCIĆA
  A D2, B A2-B2
HLIĐINA B B4
ILIJE SARAKE
  B B5
ISPOD MINČETE
  A C1-C2
ISPOD MIRA B C5
IVA DULČIĆA
  C A1-B1
IVA VOJNOVIĆA
  C C2
IVANA RABLJANINA
  A C5
IVANA ZAJCA C B1-C1
IVANSKA C B2
IZA GRADA
  A D1-B2, B A1-C2
IZA, PUT C D3
IZMEĐU POLAČA
  A C3-D3, B A3
IZMEĐU VRTA
  A A2, C E3
IZVIJAČIĆA A A1-A2
JANJINSKA C C2
JOSIPA KOSORA
  C C2-C3
KARDINALA STEPINCA
  C A1-B2
KARMENOM, ZA B C5
KAŠTELA, OD A C5
KNEZA BRANIMIRA C C2
KNEZA DAMJANA JUDE
  B B5-C5
KNEZA DOMAGOJA
  C B2-C2
KNEZA HRVAŠA
  A D5, B B5
KOVAČKA A D3, B B3
KRALJA TOMISLAVA
  C B2
KUNIĆEVA A C3, B A3
LAPADSKA OBALA
  C C1-C2
LIECHTENSTEINOV PUT
  C C2-C3
LUČARICA A D4, B B4
MALA A C2
MARGARITE, OD
  A C6, B A6
MARIJANA BLAŽIĆA
  C E3

MAROJICE KABOGE
  A D3-D4, B A3-A4
MAZARYKOV PUT
  C A2-B2
MIHA PRACATA
  A C4-D3, B A3-A4
MOST DR. FRANJA
TUĐMANA C C1
MRTVO ZVONO A B5
NA ANDRIJI A A4-B4
NALJEŠKOVIĆEVA
  A C3, B A2-A3
NATKA NODILA C D2
NIKOLE BOŽIDAREVIĆA
  B A3
NIKOLE BOŽIDAREVIĆA
FERIĆEVA A B3-B4
NIKOLE GUČETIĆA A C4
NIKOLE TESLE C C2
PALMOTIĆEVA A C3
PAPE IVANA PAVLA II,
OBALA C C1
PEČARICA A C4
PELINE A C2-D2, B A2
PERA ČINGRIJE C D2
PERA BAKIĆA E E2-E3
PETILOVRIJENCI
  A C3, B A3
PETRA HEKTOROOVIĆA
  C C2
PETRA KREŠIMIRA IV
  B C1-D1, C D3-E3
PETRA SVAČIĆA C B1
PETRA ZORANIĆA C B2
PLACA A D3, B A3
PLOVANI SKALINI A C2
POBIJANA B B5
POSAT, UZ A B1-B2
PRED DVOROM
  A D4, B B4
PRELAZNA A C4
PRIJEKO
  A C2-D3, B A3-B3
PRIMORSKA C B1-B2
PUČA, OD A C4, B A3
PUSTIJERNE, OD B C5
PUZLJIVA B B4
REPUBLIKE, OD C D2
RESTIĆEVA B B5
RIJEČKA B B1
ROKA MLŠETIČA
  C B2-C2
ROKOM, ZA A B3-B4

RUPA, OD A B4
RUPAMA, ZA A B5-B4
SIGURATE, OD
  A C3
SPLITSKI PUT C D2
STAYEVA B C5
STJEPANA CIVIJIĆA
  C D1-D2
STJEPANA RADIĆA,
OBALA C C1-C2
STRADUN
  A B-D3, B A-B3
STRMA A B1
STROSSMAYEROVA
  A C5
STURINE A D5, B B5
SV. ŠIMUNA A B5-C5
SV. DOMINIKA
  B B3-C3, C E3
SV. JOSIPA A C4
SVETE MARIJE A B5-B4
SVETOG MIHAJLA, OD
  C C2
ŠETALIŠTE KRALJA
ZVONIMIRA C B2-B1
ŠETALIŠTE NIKA I MEDA
PUCIĆA C A1-B2
ŠIROKA A C3
ŠORTE, OD A B4
TABAKARIJE, OD C E3
TABOR, UZ B D2
TMUŠASTA A C4-C5
USKA B A4
USKA DINKA RANJINE
  A D4-D5
VARA A C3
VATROSLAVA
LISINSKOG C B1
VETRANIĆEVA
  A D3, B A3
VLADIMIRA NAZORA
  C D2
VUKOVARSKA C C2-D2
ZAGREBAČKA
  A D1, B A1, C D3
ZAMANJINA A D3, B A3
ZELJARICA A D4, B B3
ZLATARIĆEVA A B3
ZLATARSKA B B3
ZLATNI POTOK C E3
ZVIJEZDIĆEVA B B5
ŽRTAVA S. DAKSE C B2
ŽUDIOSKA A D3, B B3

Index des rues, des villes et des villages, des monuments et des lieux de visite

Villes et villages

Babino Polje **D** D3
Blato **D** A2
Bogomolje **D** B1
Brist **D** C1
Brna **D** A2
Čara **D** B2
Čilipi **D** F3
Drvenik **D** C1
Duba Konavoska **D** F3
Dubrava **D** D2
Dubrovnik **D** F3
Govećari **D** C2
Gradac **D** C1
Gruda **D** F3
Janjina **D** C2
Jelsa **D** A1
Klek **D** D2
Komolac **D** F3
Kozarica **D** C2
Kučište **D** B2
Kula Lastovo **D** A3
Ljuta **D** F3
Lopud **D** E3
Lovište **D** B2
Lučica **D** B3
Lumbarda **D** B2
Metković **D** D1
Mlini **D** F3
Norinska **D** D1
Okuklje **D** D3
Opuzen **D** D2
Pasadur **D** A3
Ploče **D** C1
Podgora **D** B1
Polače **D** C2
Poljica **D** A1
Pomena **D** C2
Potomje **D** C2
Prapratno **D** D2
Pridvorje **D** F3
Prizdrina **D** C2
Prožurska Luka **D** D3
Pupnat **D** B2
Račišće **D** B2
Saplunara **D** D3
Skrivena Luka **D** A3
Smokvica **D** A2
Sobra Slano **D** E2
Suđurađ **D** E3
Sućuraj **D** B1
Šipanska Luka **D** E3
Trebinje **D** F3
Trpanj **D** C2
Trstenik **D** C2
Uble **D** A3
Vela Luka **D** A2
Velji Do **D** F3
Viganj **D** B2

Vrboska **D** A1
Vrgorac **D** C1
Zaklopatica **D** A3
Zaostrog **D** C1
Zastražišće **D** A1
Zaton **D** E3
Živogošće **D** B1
Žrnovo **D** B2
Žuljana **D** C2

Monuments et lieux de visite

À Dubrovnik

- Banje **C** F3
- Cathédrale de Dubrovnik **B** B5
- Crkva Blagoveštenja **A** C4
- Crkva Domino **A** B4
- Crkva Sv. Ignacia **B** A5
- Crkva Sv. Spasa **A** B3
- Crkva Sv. Vlaha **B** B4
- Crkva Sv. Vlaha na Gorici **C** C3
- Danče **C** D3
- Dominikanski samostan **B** C2
- Dubrovačka katedrala **B** B5
- Église de l'Annonciation **A** C4
- Église de la Toussaint **A** B4
- Église Saint-Blaise **B** B4
- Église Saint-Blaise de Gorica **C** C3
- Église Saint-Ignace **B** A5
- Église Saint-Sauveur **A** B3
- Etnografski musej Rupe **A** B4
- Fort Revelin **C** E3
- Fort Saint-Laurent **C** E3
- Franjevački samostan **A** B2
- Galerie d'art moderne **C** F3
- Gradac **C** D3
- Gradske Zidine **A** A3
- Grande fontaine d'Onofrio **A** B3
- Knežev dvor **B** B4
- Lazareti **C** E3
- Lazarets **C** E3
- Lokrum **C** F4
- Luža **B** B4
- Monastère

de Danče **C** D3
- Monastère dominicain **B** C2
- Monastère franciscain **A** B2
- Mont Srđ **C** E2
- Musée ethnographique Rupe **A** B4
- Musée maritime **B** D5
- Palača Sponza **B** B3
- Palais des Recteurs **B** B4
- Palais Sponza **B** B3
- Parc Gradac **C** D3
- Placa **A** C3
- Place de la Loge **B** B4
- Pomorski musej **B** D5
- Porte de Pile **A** A3
- Remparts **A** A3
- Samostan Danče **C** D3
- Sinagoga **B** B3
- Srđ **C** E2
- Stara luka **B** C4
- Synagogue **B** B3
- Tvrđava Lovrijenac **C** E3
- Tvrđava Revelin **C** E3
- Umjetnička galerija **C** F3
- Velika Onofrijeva fontana **A** B3
- Vieux-Port **B** C4
- Villa Sorkočević **C** C2
- Vrata od Pila **A** A3
- War Photo Limited **A** C3

Dans les environs de Dubrovnik

- Arboretum (Trsteno) **D** E3
- Cavtat **D** F3
- Elafiti **D** E3
- Élaphites, îles **D** E3
- Franjevački samostan (Orebić) **D** B2
- Korčula **D** B2
- Kuća Buhovac (Cavtat) **D** F3
- Mali Ston **D** D2
- Mljet **D** C3
- Maison Buhovac (Cavtat) **D** F3
- Monastère des Franciscains (Orebić) **D** B2
- Orebić **D** B2
- Ston **D** D2
- Trsteno **D** E3

LEXIQUE

Voir aussi "Bienvenue à Dubrovnik"

POINTS DE REPÈRE

À droite : lijevo
À gauche : desno
Adresse : adresa
Aéroport : aerodrom, zračna luka
Agence de voyage : putnička agencija
Aller et retour : tamo i natrag
Arrivée : dolazak
Autobus : autobus
Autoroute : autocesta
Avion : avion
Bateau : brod
Carrefour : raskršće
Cathédrale : katedrala
Château : dvorac
Départ : polazak
Église : crkva
Est : istok
Ferry : trajekt
Forteresse : tvrđava
Gare : kolodvor
Gare routière : autobusna stanica
Hôpital : bolnica, klinički centar
Hôtel de ville : gradska vijećnica
Île : otok
Lac : jezero
Loin de : daleko od
Monastère : samostan
Montagne : brdo, planina
Monument : spomenik
Musée : muzej
Nord : sjever
Office du tourisme : turistička zajednica
Ouest : zapad
Palais : palača
Place : trg
Plage : plaža
Police : policija
Pharmacie : ljekarna
Pont : most
Poste : pošta
Port : luka
Porte : vrata
Près de : blizu
Promenade : šetalište